Detektivgeschichten
mit Pepe und Max

Auf heißer Spur

AF177514

Anni Mohn & Julia Gerigk

circon

© Circon Verlag GmbH
Baierbrunner Straße 27, 81379 München
Ausgabe 2021
2. Auflage

Text: Anni Mohn
Illustrationen: Julia Gerigk
Redaktion: Astrid Kaufmann
Korrektur: Dr. Birgit Ebbert
Produktion: Ute Hausleiter
Titelabbildung: Julia Gerigk
Gestaltung: Roman Bold & Black, Köln
Umschlaggestaltung: Enrico Albisetti

ISBN 978-3-8174-1834-3
381741834/2

Besuchen Sie uns auf Instagram und Facebook: circonverlag

www.circonverlag.de

Das Schulfest

Pepe und Max öffnen die Tür zu ihrem
Klassenzimmer. Es ist noch niemand da.
„Ich würde auch lieber Cello spielen",
sagt Pepe. „Das habe ich Frau Fabian
aber schon das ganze Jahr über gesagt!"
Pepe blickt neidisch auf das Cello
seines besten Freundes Max. Der hat
sich gerade sein Instrument geschnappt.
Er setzt sich auf einen Stuhl und klemmt
es zwischen seine Beine.

„Geige ist doch auch ganz schön", tröstet Max ihn. Aber das sagt er nur so. Pepe sieht es an seinem Blick.

Er schiebt seine Geige unter das Kinn und streicht mit dem Bogen freudlos über eine Saite.

„Jetzt wird nicht auf der Geige herumgekratzt", sagt Frau Fabian streng. Sie betritt gerade mit allen anderen Kindern der dritten Klasse das Klassenzimmer.

„Gleich geht es auf die Bühne." Frau Fabian klatscht energisch in die Hände. „Jeder holt sich jetzt sein Instrument, so wie Pepe und Max. Und dann gehen wir zusammen raus. Gut? Machen wir das so?"

Pepe und Max grinsen sich an. Frau Fabian ist ja richtig aufgeregt!

Heute ist Schulfest und der große Auftritt steht kurz bevor. Alle Schüler der 3b haben das ganze Jahr über mit Frau Fabian aus der Musikschule in einem Orchester gespielt. Ein paar Kinder aus ihrer Klasse haben Geige gelernt und ein paar Kinder Cello.

Mia und Sascha durften sogar mit Kontra-
bässen üben.
„Los, los, los", ruft Frau Fabian ungeduldig.
Alle Kinder rennen mit ihren Instrumenten
zur Tür. Nur Jule steht noch an ihrem Platz.
Sie ist ganz blass.

Was ist mit Jule los?

Pepe schlägt sich die Hand vor
den Mund. ██████████████████
████████. Die ████████ sind
████████ und ████████ wie
Haarsträhnen ████████ Außerdem ist ein Wirbel gebrochen und
der Steg steht schief.
„Meine Geige ist kaputt!",
flüstert Jule.
„Wie ist das denn passiert?",
fragt Frau Fabian.
Sie sieht sehr
erschrocken aus.

„Ich habe keine Ahnung!" Jule schüttelt den Kopf. „Sie liegt genauso im Koffer, wie ich sie vorhin hineingelegt habe – nur sieht sie jetzt auf einmal so aus!"
Jule nimmt die Geige und streckt sie Frau Fabian entgegen.
„Hast du den Geigenkasten offen gelassen?", fragt Frau Fabian streng. „Schon tausendmal habe ich euch gesagt, dass ihr die Instrumente ordentlich wegpacken sollt!"

Jule zögert. Dann zuckt sie mit ihren Schultern und sieht Frau Fabian wütend an. Frau Fabian schaut ganz ruhig zurück.

„Nur weil ich den Deckel vom Kasten offen gelassen habe, muss ja nicht gleich jemand meine Geige kaputt machen", schimpft Jule. Sie zieht eine finstere Miene.
„Hilft alles nichts", meint Frau Fabian fest entschlossen. „Wir spielen jetzt erst einmal vor. Und danach klären wir die Sache. In Ordnung?"

Aber Jule findet das anscheinend gar nicht
in Ordnung. Tränen laufen ihr plötzlich über
die Wangen und sie zittert am ganzen Körper.
„Willst du meine Geige haben?", fragt Pepe.

„Nein!", schreit Jule. „Ich will *meine* Geige
haben! Und zwar ganz!"

„Also", Frau Fabian sieht alle Kinder der Reihe
nach an. „Hat jemand von euch Jules Geige
in der Hand gehabt? Seid bitte ehrlich."
Die ganze Klasse steht still da. Niemand
meldet sich.

Frau Fabian atmet tief durch. „Jule, du nimmst
jetzt Pepes Geige und Pepe nimmt meine Geige.
Die ist ihm zwar viel zu groß, aber er muss ja
nur auf den leeren Saiten spielen. Jule, du
spielst auch ein Stück ganz allein. Du brauchst

dafür auf jeden Fall eine kleine Geige."
Jule überlegt. Dann geht sie zu Pepe und
reißt ihm wortlos sein Instrument aus der Hand.
„Darf ich die große Geige wie ein Cello
spielen?", fragt Pepe Frau Fabian.
Frau Fabian verdreht die Augen.

„Weißt du, was das einzig Gute an der Sache
ist?", fragt Pepe seinen Freund Max, als sie
zur Bühne gehen.
„Was denn?", fragt Max zurück.
    „Wir haben einen neuen Fall! Schließlich
      sind wir beide die größten Detektive
        der ganzen Schule."
          „Der ganzen Welt, du Blödmann",
        meint Max und schlägt Pepe
        kurz mit dem Bogen auf
        den Kopf.

Zwei Detektive nehmen die Spur auf

„Ich verstehe nicht, warum sich Jule so aufregt!",
sagt Pepe am nächsten Tag in der Pause zu
Max. „Die Geige gehört doch der Musikschule.
Soll die Musikschule Jule eben eine neue
Geige leihen!"

„Die Geige gehört aber nicht der Musikschule, sondern Jule selbst", erklärt Max. „Ich habe Jule gefragt. Es ist ein Erbstück ihres Opas. Der hat auch als Kind auf dieser Geige spielen gelernt."
„Stimmt, das habe ich vergessen", sagt Pepe und zieht die Nase hoch.
Eigentlich weiß Pepe das mit der Geige und dem Opa überhaupt nicht. Woher auch? Er hat schließlich noch gar nicht mit Jule über die kaputte Geige geredet. Aber es ärgert ihn, dass Max die Ermittlungen bereits aufgenommen hat. Ohne ihn! Dabei ist Pepe doch als Erster von ihnen beiden auf die Idee gekommen, Detektiv zu werden. Das ist der Grund, weshalb Pepe jetzt so tun muss, als hätte er Jule ebenfalls schon befragt. Sehr kompliziert!
„Mal ganz von vorne", sagt Max. „Wie ist der Tag gestern eigentlich abgelaufen?"

Wie die Umstände der Tat waren, ist nämlich sehr wichtig. Das haben Pepe und Max in einem Detektivbuch gelesen.
Pepe zieht wieder die Nase hoch und sagt nichts.

„Erst hatten wir doch Schule", sagt Max,
ohne auf Pepes Schweigen zu achten.
„Dann hatten wir Probe mit dem Orchester."
Pepe schweigt.
Max beißt in sein Pausenbrot. Er fährt mit vollem
Mund fort: „Nach der Probe haben wir die Instrumente ins Klassenzimmer gebracht. Als wir das
nächste Mal ins Klassenzimmer gekommen
sind, war die Geige kaputt."

Max schaut Pepe an, aber
der spricht immer noch nicht.
„Frau Fabian hat das Klassenzimmer nach der Probe
ganz sicher abgesperrt."
Max führt langsam sein Brot
zum Mund, lässt den Arm
aber kurz vor seinem Ziel
wieder fallen. „Aber dann muss die Geige kaputt
gegangen sein, als wir noch im Klassenzimmer
waren!", ruft er. „Ist es nicht komisch, dass
niemand etwas davon mitbekommen hat?
Da waren wir doch alle mit im Raum."

„Die Tür muss später wieder offen gewesen sein. Jemand hat anscheinend einen Schlüssel gehabt", sagt Pepe und bricht damit sein Schweigen. Pepe muss Max eben manchmal beim Denken helfen, auch wenn er eigentlich beleidigt ist.

„Häh? Woher weißt du das?", fragt Max verwundert.

Woher weiß Pepe das? Lies noch einmal den Anfang der Geschichte.

Pepe lächelt überlegen und schweigt.

„Richtig!" Max schlägt sich an den Kopf.

„Wir müssen also nur herausbekommen, wer die Tür aufgeschlossen hat! Vielleicht finden wir so den Täter?", ruft Pepe begeistert.

Max und er haben tatsächlich eine Spur!

Die ersten Verdächtigen

Max und Pepe gehen sofort zu ihrer Klassen-
lehrerin. Sie finden Frau Poppel im Klassenzimmer. Sie verteilt Arbeitsblätter auf den
Tischen.

„Frau Poppel", ruft Pepe. „Wir wissen, wer
Jules Geige kaputt gemacht hat."

„Ach ja?" Frau Poppel lehnt sich an eine
Bank und verschränkt die Arme. „Dann lasst
mal hören."

„Das Klassenzimmer war doch abgeschlossen
nach der Probe", erklärt Pepe. „Jemand hatte
aber einen Schlüssel und ist danach noch
einmal hineingegangen. Die Person, die den
Schlüssel hatte, ist auch der Täter."

Frau Poppel seufzt. „Ich glaube, da macht ihr
es euch zu einfach", sagt sie.

„Warum?", fragen Pepe und Max gleichzeitig.

„Das mit dem Schlüssel ist schon richtig. Den
habe ich Marie und Juri gegeben. Sie haben mir
Pappe aus dem Klassenzimmer gebracht, um

darauf die Preise für den Kuchen zu schreiben. Die beiden haben allerdings vergessen, danach die Tür wieder abzuschließen. Das haben sie mir erzählt."

„Aber dann haben wir doch die Täter", ruft Max. „Marie und Juri!"
„Nicht unbedingt", sagt die Lehrerin ruhig.

Überlege selbst: Warum sind Marie und Juri nicht auf jeden Fall die Täter?

„Stimmt", sagt Pepe enttäuscht. „Marie und Juri haben vergessen, die Tür wieder abzuschlie-ßen. [unleserlicher Text]

„Aber Sie haben mit Marie und Juri über die kaputte Geige geredet?", will Max von Frau Poppel wissen.

„Natürlich." Die Lehrerin seufzt wieder und geht zur Tafel. „Aber sie haben nur die Pappe geholt. Das behaupten sie zumindest. Und ich wüsste nicht, warum ich ihnen nicht glauben sollte."

Während der folgenden Schulstunde beobachten Max und Pepe Marie und Juri genau. Doch besonders schuldbewusst sehen die beiden tatsächlich nicht aus. Marie kichert die ganze Zeit mit Mia und Juri hilft Paul beim Rechnen. Alles ganz normal.

„Du weiß doch, dass Maries Eltern wahnsinnig reich sind", flüstert Max .

„Na und?", flüstert Pepe zurück. „Denkst du, reiche Kinder machen nie etwas kaputt?"

„Doch, sicher!" Max tippt sich an die Stirn. „Aber wenn reiche Kinder etwas kaputt machen, dann haben sie doch reiche Eltern, die alles bezahlen, oder?"

„Das stimmt", überlegt Pepe. „Und wenn Juri die Geige kaputt gemacht hätte, hätte Marie sicher alles Frau Poppel gepetzt."

Marie ist nämlich die größte Petze, die Pepe überhaupt kennt.

„Vielleicht waren sie es wirklich nicht", überlegt Max.

Pepe schnaubt durch die Nase. Welcher Spur können sie jetzt noch folgen?

Ein Kind in Not

Zwei Tage später sind Pepe und Max immer noch nicht schlauer als vorher. Sie haben den Hausmeister Friese befragt, den Direktor Willis, die Lehrerinnen und Lehrer sowie alle Klassenkameraden. Niemand hat etwas Auffälliges bemerkt. Keiner hat gesehen, dass nach der Orchesterprobe jemand das Klassenzimmer betreten hat.

„Ihr seid ja wirklich richtige Detektive", sagt Jule bewundernd zu ihnen. Sie warten gemeinsam im Klassenzimmer auf den Anfang der ersten Stunde.

„Na ja", Pepe lächelt verlegen. „Max und ich haben auch schon andere Fälle gelöst. Wir haben zum Beispiel einen Betrug aufgedeckt. Jemand hatte seine Puppe absichtlich verloren, um eine neue zu bekommen. Und dann haben wir einen verlorenen Hund wiedergefunden."

„An die Puppe erinnere ich mich", sagt Jule.

„Und warum wollt ihr jetzt unbedingt meinen Fall lösen?"

„Pepe und ich wollen später als Detektive unser Geld verdienen, daher müssen wir jetzt schon üben", antwortet Max. „Außerdem wollen wir mit unserem nächsten Fall in die Zeitung!"

Pepe nickt begeistert. „Vielleicht schaffen wir es diesmal! Aber bisher sind wir leider nicht so richtig weitergekommen mit der kaputten Geige."

„Schade." Jule schluckt. „Die Reparatur der Geige ist nämlich echt teuer. Meine Mutter ist richtig böse auf mich."

„Aber du kannst doch gar nichts dafür", sagt Pepe verwundert.

„Genau! Aber sie ist trotzdem böse auf mich. Weil wir jetzt ganz lange sparen müssen, um die Reparatur bezahlen zu können." Jule sieht Pepe und Max an, dann senkt sie den Kopf. „Wir haben nicht besonders viel Geld."

„Wie viel kostet denn die Reparatur?", will Max wissen. Aber Jule kann nicht mehr antworten, denn Frau Poppel betritt das Klassenzimmer. Zusammen mit Marie und ihrem Vater.

„Liebe Kinder", beginnt Frau Poppel,
„ich habe eine große Überraschung für euch."
Alle Schüler setzen sich und schauen
Frau Poppel erwartungsvoll an.

„Stellt euch vor: Wir haben an unserem Stand beim Sommerfest 200 Euro mit dem Verkauf von Kuchen und Kaffee verdient. Das Geld können wir jetzt an Kinder spenden, die in Not geraten sind", erklärt sie feierlich.

Der Vater von Marie beginnt in die Hände zu klatschen, daher klatschen alle Schülerinnen und Schüler mit.

„Ist das viel?", will Pepe wissen, als der Beifall verstummt.

„Ich finde schon!", ruft Frau Poppel stolz.

„Und das Tollste ist: Der Papa von Marie möchte wie jedes Jahr etwas spenden und gibt uns nochmals 200 Euro dazu."

Der Vater von Marie lächelt breit und zieht aus seiner Hosentasche einen 200-Euro-Schein. Jetzt beginnt die Lehrerin zu klatschen und alle Schülerinnen und Schüler klatschen wieder mit.

„Ihr könnt euch bei Marie bedanken", sagt Maries Vater und legt einen Arm um seine Tochter.

„Marie hat ein großes Herz für Kinder, denen es nicht gut geht. Nicht wahr, Marie?"

Marie wird ein wenig rot.

„Hm", macht Pepe. Es ist ihm eigentlich noch nie aufgefallen, dass Marie ständig Kindern in Not hilft. Und ab wann ist ein Kind überhaupt in Not? Pepe ist sich nicht so sicher, aber er hat eine Idee.

„Jule könnte das Geld gut gebrauchen", sagt er laut. „Sie ist nämlich wegen der Geige jetzt auch ein Kind in Not. Wir könnten das Geld Jule spenden."

Alle Kinder drehen den Kopf zu Jule. Nur Maries Vater blickt fragend zur Lehrerin.

„Ich bin überhaupt kein Kind in Not!", ruft Jule. Sie springt wütend auf und schlägt Pepe mit ihrem Heft auf den Kopf.

„Aua!", schreit Pepe.

„Ich bin kein Kind in Not", wiederholt Jule. „Es ist ja nur eine alte Geige!" Sie beginnt zu weinen. „Meine Mama und ich bekommen das auch ohne die Hilfe von der doofen Marie und ihrem blöden Papa hin."

„Ähäm." Der Vater von Marie räuspert sich. „Ich gehe dann mal."

„Danke nochmals, Entschuldigung, auf Wiedersehen", sagt die Lehrerin hastig. Sie streicht Jule tröstend über den Kopf. „Ich fahre dann gleich in der Pause zur Bank und zahle das Spendengeld ein."

Den Rest der Stunde schaut Pepe betreten auf sein Heft. Anscheinend hat er etwas ganz und gar Dummes gesagt. Ihm ist nur nicht ganz klar, was es war.

Der Raub

„Ich habe es doch nur gut gemeint", verteidigt sich Pepe in der großen Pause. Er sitzt wie immer mit Max auf der kleinen Mauer am Rand des Schulhofs.

„Wahrscheinlich hat Jule einfach keine Lust, ein Kind in Not zu sein", vermutet Max.

Pepe seufzt. „Ja, kann sein", sagt er und hebt ratlos die Hände. „Ich wollte ihr doch nur Geld für die Geige beschaffen. Es ist doch eigentlich egal, wem Maries Vater sein Geld schenkt. Oder?"

Max will gerade etwas darauf antworten, da sieht er Felix und Juri. Sie fangen nur wenige Meter von ihnen entfernt an, sich gegenseitig zu schubsen. Sie machen finstere Gesichter und umkreisen sich wie zwei streitsüchtige Kater. Plötzlich springt Juri vor und boxt Felix in die Seite. Felix holt mit seinem Ellbogen aus und zielt auf Juris Bauch. Getroffen. „Na warte", keucht Juri.

„Kinder, halt!", hört Pepe eine Stimme rufen.
Es ist Frau Poppel. Sie hat die Fensterscheibe
ihres Autos heruntergelassen und reißt jetzt die
Tür auf. Sie rennt über den Parkplatz in Richtung
Schulhof. Schon ist sie bei den beiden Jungen
und packt jeden von ihnen an einem Arm.

„Juri hat angefangen", murmelt Felix.

Juris Augen verengen sich zu gefährlichen Schlitzen. „Felix hat gesagt, dass ich in Marie verliebt bin", schimpft er. „Bin ich aber gar nicht!"

„Was ist nur mit euch los?", fragt Frau Poppel. „Erst zerstört jemand Jules Geige und gibt es nicht zu. Dann beschimpft Jule Marie und ihren Vater als ‚doof' und ‚blöd'. Und jetzt noch eine Rauferei auf dem Schulhof. Ich werde irgendwann verrückt mit euch!"

„Entschuldigung", murmelt Juri.

„Also ist jetzt Ruhe?", will Frau Poppel wissen. Juri und Felix nicken.

„Gut", sagt Frau Poppel. „Dann fahre ich nun zur Bank und zahle das Spendengeld ein." Pepe und Max begleiten Frau Poppel zu ihrem Auto.

„Wir werden auf Juri und Felix aufpassen", verspricht Max. „Sie werden sich nicht mehr streiten."

„Und außerdem werden wir den Fall mit der Geige lösen", fügt Pepe hinzu. „Versprochen."

„Das kann nicht sein!", ruft Frau Poppel.
„Aber Max und ich sind die besten Detektive
der Welt!" Pepe ist empört. „Wir werden ..."
Doch Frau Poppel beachtet Pepe gar nicht.
„Warum liegt der Geldbeutel offen im Auto?
Er war doch in der Tasche unter dem Sitz!"
Sie reißt die Tür ihres Autos auf und greift nach
der Geldbörse. Frau Poppel prüft den Inhalt
und stöhnt.
„Toll", sagt sie. „Hier hatte ich das ganze
Spendengeld drin. Jemand hat den Geldbeutel
aus meiner Tasche geholt."

Wie viel Geld wurde gestohlen?

Der nächste Fall

„Jetzt haben wir einen neuen Fall. Dabei haben wir den ersten noch gar nicht geklärt!", sagt Pepe, als sie nach Hause gehen.

Auch Max macht sich Sorgen. „Erst macht jemand eine Geige kaputt, dann werden ▓▓▓▓▓ gestohlen. Was passiert als Nächstes?" Max schüttelt den Kopf, bleibt stehen und sagt: „Wenn wir immer mehr Fälle auf einmal bearbeiten müssen, sterben wir an Überarbeitung."

Pepe und Max setzen langsam ihren Weg nach Hause fort.

„Wir müssen als Erstes den Zeitpunkt des Diebstahls so genau wie möglich eingrenzen", überlegt Pepe.

Wann genau wurde das Geld gestohlen?

„Der Diebstahl muss ▓▓▓▓▓▓ stattgefunden haben." Max hebt einen Finger. „Frau Poppel ist ins Auto gestiegen und hat ihre

Tasche abgelegt. Dann ist sie zu Juri und Felix gelaufen. In dieser Zeit hat der Dieb zugegriffen."
„Es fallen also ein paar Verdächtige heraus: du, ich, Felix und Juri", überlegt Pepe. „Kannst du dich erinnern, wer die Prügelei noch beobachtet hat? Ich habe nur auf Juri und Felix geachtet."
„Ging mir genauso", stellt Max fest. „Also könnte es fast jeder in der Schule gewesen sein."
„Nicht jeder", stellt Pepe richtig. „Es muss einer oder eine aus unserer Klasse gewesen sein."

Warum ist sich Pepe so sicher, dass es ein Kind aus seiner Klasse war?

██
██
██
████████ erklärt Pepe.

„Oder es ist jemand zufällig vorbeigekommen und hat die Tasche gesehen", gibt Max zu bedenken.

„Das glaube ich nicht." Pepe kickt einen Stein in hohem Bogen auf die Straße. „Die Tasche lag unter dem Beifahrersitz. Die war von außen gar nicht zu sehen."

Die beiden setzen nachdenklich ihren Weg fort bis zur großen Kreuzung.

„Ich kann jetzt nicht mehr denken", sagt Max.

„Ich habe zu großen Hunger."

„Bis später!"
Pepe und Max
schlagen zur
Verabschiedung
die Fäuste
aneinander.

Die Hausdurchsuchung

Pepe sitzt vor seinem Schachbrett und spielt gegen sich selbst Schach. Er nimmt einen Bauern und schiebt ihn zwei Felder vor. Grübelnd starrt er auf das Spielfeld.

‚Eine Sache verstehe ich überhaupt nicht', denkt Pepe und krabbelt auf die andere Seite des Spielbretts. ‚Warum wurde eigentlich nur ein Teil des Geldes gestohlen? Das ist doch sehr merkwürdig.'

Er greift einen weißen Läufer und zieht ihn quer über das Brett.

‚Braucht jemand in unserer Klasse vielleicht nur einen bestimmten Betrag Geld?'

Pepe nimmt einen Springer in die Hand und setzt ihn wieder ab. Plötzlich kommt ihm ein Gedanke: ‚Natürlich! Ich weiß, wer das sein könnte!'

Pepe springt auf und wirft dabei alle Figuren um. Doch das kümmert ihn nicht weiter. Wie der Blitz rast er durch den Flur zum Telefon.

Welcher Gedanke könnte Pepe
gekommen sein?

„Max", keucht er, als sich sein Freund meldet.

„Ich weiß, wer das Geld geklaut hat."

„Nun sag schon!", tönt es aus dem Hörer.

„Tja", sagt Pepe gedehnt. „Ich könnte wetten,

dass die ▓▓▓▓▓▓▓▓▓▓▓▓▓▓▓▓▓▓▓▓▓▓▓▓▓▓
▓▓▓▓▓▓▓▓▓▓▓ Was meinst du?"

Am anderen Ende der Leitung ist es still.

„Ich bin mir sicher, dass es ▓▓▓ war", ruft Pepe.

▓▓▓ hat das Geld geklaut, um die ▓▓▓▓▓▓▓▓
▓▓▓▓▓▓▓▓▓▓▓▓▓▓▓▓▓▓▓▓▓▓▓▓▓▓▓▓

„Und was wollen wir jetzt tun?", fragt Max.

„Ich habe schon einen Plan." Pepe flüstert jetzt.

Kurze Zeit später steht Pepe vor einem großen
Wohnblock. Er lässt seinen Finger über die
vielen Klingelschilder gleiten. Endlich findet er

den richtigen Knopf neben dem Namen „Funke".
„Ja?", tönt es aus der Sprechanlage.
„Hier ist Pepe", ruft Pepe in den Lautsprecher
neben der Tür. „Bist du das, Jule?"
Der Türsummer ertönt und Pepe rennt durch das
Treppenhaus hinauf zu Jules Wohnung.
„Was machst du denn hier?" Jule lehnt an der
Wohnungstür. „Weißt du jetzt, wer meine Geige
kaputt gemacht hat?"

Pepe keucht. Er ist nicht besonders sportlich.
Und vier Stockwerke sind ganz schön viel.
„Der Täter ist uns noch nicht bekannt", sagt
Pepe und ringt nach Atem.
Jule sieht ihn streng an.
„Kann ich trotzdem reinkommen?", fragt
Pepe kleinlaut.
Jule tritt wortlos beiseite und macht ihm
den Weg frei.
„Mein Zimmer", sagt sie, nachdem sie die
Küche und das angrenzende Wohnzimmer
durchquert haben.
Pepe sieht sich neugierig um.
„Hast du die Geige schon zur Reparatur
gebracht?", fragt er.
„Nein", sagt Jule und deutet zum Bett, unter
dem der Geigenkasten liegt.
„Sehr gut", sagt Pepe.
„Häh?", macht Jule.
„Ach nichts", sagt Pepe schnell.
„Warum bist du eigentlich hier?", will Jule wissen.
„Ich habe nicht mehr lange Zeit. Gleich habe
ich Fußballtraining."

„Klar", sagt Pepe. „Ich wollte dir nur kurz sagen, dass wir immer noch an deinem Fall dran sind."
„Schön", meint Jule. Sie schaut nun etwas freundlicher. „Wegen der Geige habe ich nur noch Ärger. Sogar Frau Poppel war bei mir."
„Wirklich?", fragt Pepe. Aber er ist wenig überrascht. Anscheinend teilen auch andere seinen Verdacht.
„Ich habe ihr gesagt ...", beginnt Jule, da klingelt es an der Tür.

„Wer ist denn das schon wieder?", stöhnt Jule.
Pepe lächelt. Er weiß, wer da an der Tür steht
und klingelt. Schließlich ist das Teil seines
Plans. Es ist Max. Er soll Jule ablenken,
während Pepe Jules Zimmer nach dem Geld
durchsucht. Da die Geige noch nicht weg ist,
muss sie es schließlich irgendwo versteckt haben. Pepe lauscht. Er hört Jule sprechen, dann
drückt sie den Türsummer und öffnet die Tür.
Pepe sieht sich hastig um. Er rennt zum Schreib-
tisch und zieht die Schublade auf. Ein paar
Zeichnungen, ein paar Zettel. Im Regal stehen
auf dem untersten Brett drei Kisten. Er zieht sie
nacheinander auf. Lauter Kleinkram – kein Geld.
Pepe seufzt.
„Und das ist euer Wohnzimmer?", hört er eine
Stimme. Es ist Max. „Kann ich mal auf euren
Balkon gehen? Vom vierten Stock kann man
doch sicher bis zum Fußballstadion sehen,
oder?"
Pepe bricht der Schweiß aus. Er zieht hastig
den Geigenkoffer unter dem Bett hervor und
öffnet ihn. Außer der kaputten Geige enthält

der Kasten nur noch den Bogen und ein
zusammengeknülltes Tuch.

„Boah, habe ich plötzlich Durst!", hört er
Max laut rufen. „Jule, kannst du mir ein Glas
Wasser geben?"

„Wolltest du nicht Pepe abholen? Du nervst",
antwortet Jule ganz in der Nähe.

Pepe erstarrt, dann hört er den Wasserhahn.
Erleichtert kriecht er unter das Bett. Max macht
seine Sache wirklich gut! Unter dem Bett findet
er ein Puzzle und eine Puppe. Aber da hinten
ist doch noch ein Ordner! Pepe kriecht noch
tiefer. Plötzlich spürt er, wie jemand gegen seine

Fußsohlen tippt. Langsam rutscht er rückwärts unter dem Bett hervor.

„Kannst du mir mal sagen, was du da gerade machst?" Jule sieht auf ihn herunter. Max steht erschrocken in der Tür.

„Äh ...", macht Pepe. Er spürt, wie das Blut in seinen Kopf schießt.

„Ich weiß, was du wolltest", sagt Jule scharf.

„Das habe ich gleich geahnt. Du hast nach dem Geld gesucht, oder?"

Pepe wird noch etwas röter. „Hast du es denn?", fragt er leise.

„Nein!", schreit Jule. „Und das habe ich Frau Poppel auch schon gesagt! Als Frau Poppel das Geld geklaut wurde, war ich doch gar nicht da. Ich habe in der Pause auf der großen Wiese Fußball gespielt. Lisa war auch dabei."

„Also hast du ein Alibi", sagt Pepe nachdenklich.

„Was auch immer das ist", antwortet Jule böse.

„Der Nachweis, dass du nicht am Tatort warst", erklärt Max.

„Ihr seid ja superschlau." Jule stemmt die Arme in die Hüften. „Und jetzt macht euch vom Acker!"

Pepe rappelt sich auf und stolpert mit Max in Richtung Tür. Die Hausdurchsuchung ist ihnen ordentlich missglückt!
„Und kommt gar nicht erst auf den Gedanken, mir weiter bei dem Fall zu helfen", sagt Jule bissig. „Ich kündige!"
Die Tür fällt krachend ins Schloss.

Eine wichtige Frage

„Jule kann gar nicht kündigen", sagt Max,
während sie nach ihren Fahrrädern greifen.
„Immerhin hat sie uns nie einen Auftrag gegeben."
„Stimmt", sagt Pepe. „Und nach diesem Tief-
schlag haben wir umso mehr die Pflicht, die
Sache aufzuklären."
„Ehrensache", bestätigt Max.
„Auf Jules Hilfe können wir aber wahrscheinlich
nicht mehr zählen", vermutet Pepe. „Und wir
wissen leider immer noch nicht, was die Repa-
ratur der Geige kostet. Ich habe weiterhin das
Gefühl, dass die beiden Fälle etwas miteinan-
der zu tun haben."
Max spielt an seiner Fahrradklingel.
„Ich weiß, wo wir jetzt hinfahren", sagt er
schließlich. „Pepe, komm mit!"

Wo werden die beiden jetzt hinfahren?
Wer außer Jule und ihrer Mutter weiß genau,
wie viel die Reparatur der Geige kostet?

Vom Marktplatz aus schlängelt sich eine Gasse in Richtung Rathaus.

„Kannst du mir jetzt endlich mal sagen, wo wir hinfahren?", fragt Pepe ungeduldig.

„Sind schon da." Max zeigt auf ein goldenes Schild, das von einer Hauswand in die Gasse hineinragt.

████████████ stellt Pepe fest. Er bleibt vor dem kleinen Ladenfenster stehen. ████  ████████████ liest er laut. „Max, du bist einfach genial!"

„Hier komme ich immer vorbei, wenn ich meinen Vater bei der Arbeit besuche", sagt Max stolz.

Max und Pepe lehnen ihre Fahrräder an eine Laterne und betreten das Geschäft. Eine kleine Glocke bimmelt. Die Jungen blicken sich um. „Wahnsinn", staunt Max und Pepe nickt stumm. Eine Wand hängt voll mit großen und kleinen Geigen. Auf der gegenüberliegenden Seite stehen halbfertige Celli in einem Kasten aufgereiht. Bei manchen fehlen noch die Stege oder Saiten, andere sind noch nicht lackiert. Am meisten beeindruckt die beiden aber die Werkbank, über der unzählig viele Feilen und Sägen in allen Größen befestigt sind. Überall hängen schmale Regalbretter mit Fläschchen und Tuben an der Wand. Es riecht wunderbar nach Holz und Staub.

„Kann ich euch behilflich sein?" Ein Mann mit einer blauen Schürze erscheint hinter einem Vorhang.
„Gehört das alles Ihnen?", fragt Max ehrfürchtig und zeigt auf die Wand mit dem Werkzeug.
Der Mann lacht und nickt.
„Gefällt es euch?", fragt er zufrieden.

„Sehr", sagt Max. „Wenn ich nicht schon
Detektiv wäre, dann würde ich Instrumentenbauer werden."

„Gute Idee", sagt Herr Knösel. „Aber Detektiv ist
natürlich auch eine hervorragende Berufswahl."

„Danke", sagt Pepe förmlich. „Und wir sind
tatsächlich aus beruflichen Gründen hier."

„Ach ja?", fragt Herr Knösel. „Muss ich jetzt
nervös werden?"

„Eine ganz einfache Befragung", beruhigt Pepe.

„Sie müssen sich keine Sorgen machen."
Der Instrumentenbauer atmet erleichtert auf.
„Vor ein paar Tagen war eine Mutter mit ihrer
Tochter hier. Sie hat Ihnen eine kaputte Geige
gezeigt. Die Saiten waren gerissen und so was."
„Das ist richtig", sagt Herr Knösel.
„Wir würden gerne wissen, was die Reparatur
der Geige kosten würde."
„Witzig, dass ihr das fragt", ruft Herr Knösel aus.
„Was soll denn daran witzig sein?", fragt Pepe,
der bekanntlich schnell beleidigt ist.
„Na ja, da war vor euch schon einmal ein Junge
hier, der nach der Reparatur gefragt hat."
„Wirklich?", fragt Pepe aufgeregt. „Und wie
sah der aus?"
Herr Knösel blickt an die Decke.
„Weiß ich nicht mehr genau", sagt er und zieht
seine Stirn in Falten. „Aber er hatte eine Mütze
auf. So eine mit Streifen."
Max und Pepe blicken sich überrascht an.

Schau dir noch einmal die Bilder an. Wer
könnte zuvor bei Herrn Knösel gewesen sein?

[...], ruft Max.

„Danke, Herr Knösel, das war es schon",
sagt Pepe und ist bereits an der Tür.
„Aber ihr wolltet doch wissen,
wie viel die Reparatur der Geige kostet?",
ruft Herr Knösel ihnen nach.
„150 Euro, oder?", sagt
Pepe, „das wissen
wir schon."
Herr Knösel schaut
sehr überrascht.
„Stimmt genau", sagt
er. Doch die beiden
Meisterdetektive
haben die Werkstatt
bereits verlassen.

Lagebesprechung

Zur Besprechung der Lage kaufen sich Pepe und Max ein Eis. Am Marktplatz befindet sich die beste Eisdiele der Stadt. Sie setzen sich auf die Stufen des Brunnens und lassen es sich schmecken.

„Es ist doch eigentlich alles klar", sagt Pepe. „Juri hat die Geige von Jule kaputt gemacht. Es tut ihm leid, aber er traut sich nicht, es zuzugeben. Vielleicht bekommt er Ärger mit seinen Eltern. Juri macht doch dauernd Blödsinn. Er ist der wildeste Junge der Klasse."

„Ähm, ich bin der wildeste Junge unserer Klasse", unterbricht ihn Max.

Pepe sieht ihn von der Seite an.

„Wie auch immer", fährt er gutmütig fort. „Juri will die Sache auf eigene Faust wiedergutmachen. Er geht zum Instrumentenbauer und fragt ihn, was die Reparatur kostet. Dann stiehlt er das Geld. Wir müssen ihn jetzt nur noch überwachen und warten, dass er

das Geld Jule übergibt. Vielleicht wirft er es
ihr in den Briefkasten oder so."

„Vielleicht können wir auch Juris Haus durch-
suchen?", überlegt Max. „So wie wir das bei
Jule gemacht haben."

„Wie das ausgegangen ist, wissen wir ja."
Pepe ist von der Idee nicht sonderlich begeistert.
„Gibt es da nicht eine andere Möglichkeit?",
fragt er. Max knabbert an seiner Waffel. Dann
schlägt er sich mit einer Hand an den Kopf.
„Wir sind so dumm!",
ruft er. „Vielleicht war
Juri tatsächlich bei
Herrn Knösel.
Und vielleicht hat er
die Geige kaputt
gemacht. Aber
das Geld hat er
nicht geklaut!"

Was haben Pepe und Max vergessen?
Warum hat Juri das Geld nicht gestohlen?

fällt nun auch Pepe ein. „Daran
habe ich gar nicht mehr gedacht."
Max hebt ratlos die Hände.
„Vielleicht hat ja Juri gar nichts mit der Sache
zu tun und will Jule einfach nur helfen. So wie
wir. Aber das können wir nur herausfinden,
wenn wir Juri selbst fragen", meint Pepe.
Pepe und Max essen hastig ihr Eis auf und
schwingen sich gleich wieder auf ihr Rad.
Detektive haben es einfach immer eilig!

Der wilde Junge

Juri wohnt nicht weit von Pepe und Max entfernt.
Der Treffpunkt der Kinder aus der Nachbarschaft
ist der große Spielplatz kurz vor den Feldern.
Und tatsächlich finden sie Juri dort, der gerade
auf der Kletterspinne herumturnt.
„Wir müssen mit dir sprechen", sagt Max zu ihm.
„Es ist sehr wichtig".
Juri zögert. Dann springt er lässig in den Sand.
„Was gibt es?", fragt er.

Max zieht Juri auf eine geschützte Bank hinter
der Hecke.
„Warum warst du beim Knösel?", fragt Pepe.
Er baut sich drohend vor Juri auf.
„Knösel?", wiederholt Juri.
„Der Instrumentenbauer", sagt Max ungeduldig.
„Du hast nach der Reparatur von Jules Geige
gefragt."
Juri schluckt und verschränkt abwehrend
die Arme vor seiner Brust.

„Komm schon!", sagt Pepe. „Wir wissen, dass du da warst. Aber wir wissen auch, dass du nicht das Geld geklaut hast."

„Aber vielleicht hast du die Geige von Jule kaputt gemacht?", fragt Max.

Juri springt nach vorne. Er stößt erst Max, dann Pepe so heftig, dass beide auf dem Hosenboden landen.

„Was soll das?", ruft Pepe. „Hast du nun oder hast du nicht?"

„Ich habe die Geige nicht kaputt gemacht", ruft Juri und tritt mit seiner Fußkante auf den Boden, dass der Sand nur so fliegt.

„Und warum warst du dann beim Instrumenten-bauer?", fragt Pepe und reibt sich die Augen.

Juri beißt sich mit den Zähnen auf die Unterlippe.

„Vielleicht gibt es noch mehr Detektive in der Schule außer euch zwei Blödmännern?"

Pepe bleibt misstrauisch.

„Wir werden den Fall lösen", sagt er zu Juri. „Du wirst schon sehen."

Juri lacht. „Klaro", sagt er. „Und jetzt ab zu euren Mamas, bevor ich euch in den Hintern trete!"

„Juri ist doch der wildeste Junge in unserer Klasse", sagt Max, als sie auf ihre Fahrräder steigen.

„Erst beschimpft uns Jule, dann greift uns Juri an", sagt Pepe. „Wir müssen die Fälle lösen. Sie werden immer gefährlicher."

„Aber nicht mehr heute."

Max gähnt. „Es ist schon spät. Ich muss jetzt wirklich nach Hause." Dann setzt er noch stolz hinzu: „Aber nicht, weil meine Mama das will, sondern weil ich mal wieder riesigen Hunger habe."

Die geheime Botschaft

Am nächsten Tag treffen sich Pepe und Max
wie immer an der großen Kreuzung. Sie sind
reichlich spät dran.

„Ich habe das Gefühl, dass wir kurz vor der
Lösung des Falls stehen", sagt Pepe.

„Ich nicht", sagt Max. „Ich finde alles sehr
rätselhaft."

„Ja", sagt Pepe. „Aber immerhin haben wir
Rätsel. Wenn wir nichts zu rätseln hätten,
gäbe es auch nichts zu lösen."

Dem kann Max nicht widersprechen.

Sie biegen nach rechts in die Windelsteingasse
ein, da sehen sie Juri. Er fährt mit dem Fahrrad
die Straße entlang. Plötzlich bleibt er stehen
und steigt vom Sattel.

„Verstecken!", flüstert Pepe und zieht Max
hinter einen Stromkasten.

„Warum verstecken?", zischt Max.

Pepe knufft Max in die Seite. „Juri verhält sich
doch sehr auffällig, oder nicht?"

Pepe und Max beobachten Juri, der umständlich
in seiner Tasche herumkramt.
Dann tritt er an die große Eiche, die am Straßen-
rand steht. Er blickt sich vorsichtig
um und dreht sich dann
zu dem Baum. Ein paar
Sekunden später sitzt
er wieder auf seinem
Fahrrad. Max und
Pepe warten,
bis Juri außer
Sichtweite ist,
dann rennen sie
zur Eiche.
Zunächst können sie nichts
Auffälliges entdecken, doch
schließlich findet Max ein
kleines Loch im Stamm.
„Hier steckt ein Zettel!", ruft er.
Sie stecken die Köpfe zusammen und Max
entrollt mit zittrigen Fingern das Blatt Papier.
„Sieh mal einer an!", staunt Pepe.
„Eine Geheimbotschaft!"

Auf dem Zettel sind seltsame Zeichen zu sehen.
Quadrate mit Punkten und Pfeilpitzen.
„Mist", sagt Max. „Wie sollen wir das entziffern?"
„Gib mir mal." Pepe entreißt Max den Zettel und
schaut sich die Zeichen genau an.
„Ich kenne diese Geheimschrift", stellt er zufrie-
den fest. „Kannst du dich erinnern? Sie steht
doch in unserem Detektivbuch unter den Ge-
heimschriften gleich auf der ersten Seite. Das
ist ein ganz leichter Code, wenn man ihn kennt."
„Echt? Keine Ahnung", sagt Max unglücklich.
Pepe steckt den Zettel ein. „Ich schreibe gleich
in der Schule den Lösungscode auf, dann können wir alles lesen."
„Aber pass auf, dass Juri nichts merkt", sagt
Max. „Der Typ ist echt gefährlich."
Pepe macht sich gleich in der ersten Stunde
ans Werk. Er kann sich an die Geheimschrift
deswegen erinnern, weil sie so logisch auf-
gebaut ist. Außerdem hat Pepe durch das
Schachspielen wirklich ein gutes Gedächtnis.
Jedes Zeichen entspricht einem Buchstaben. In
kürzester Zeit hat er die Botschaft entschlüsselt.

Gelingt es dir auch, die Botschaft
zu entschlüsseln? Die Legende hilft dir.

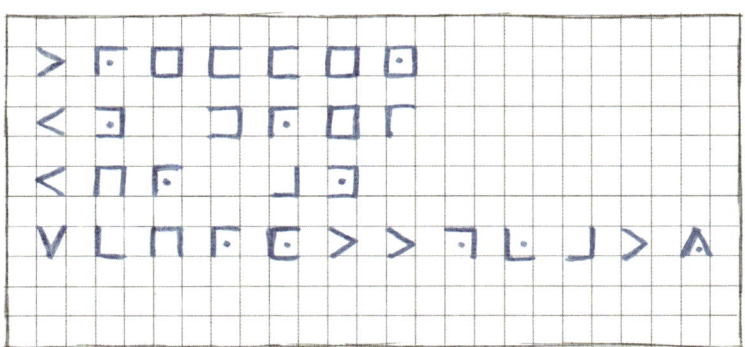

Legende für die Geheimschrift:

A = ⌐ B = ⊔ C = L D = ⊐ E = □ F = ⊏

G = ⌐ H = Π I = Γ J = ⌐ K = ⊔ L = ⊔

M = ⊐ N = ⊡ O = ⊏ P = ⌐ Q = ⊓ R = ⊓

S = V T = > U = < V = ∧ W = V X = >

Y = < Z = A

(Freimaurer-Alphabet)

„Wahnsinn", staunt Max in der Pause. Er hält
den Zettel mit der Botschaft ░░░░░░░░░░
░░░░░░░░░░░░░░░░░░░░░░░░░░░ in der Hand.
„Ich wette, dass diese Nachricht etwas mit
unseren Fällen zu tun hat", sagt Pepe stolz.
Max ist sehr beeindruckt. „Nach der Schule
müssen wir gleich zum Baum. Wir verstecken

uns wieder hinter dem Stromkasten und warten. Mal sehen, wer den Zettel holt."

„Und was soll das bringen?", fragt Pepe. „Überleg doch mal! Auch wenn sich jemand den Zettel holt, wissen wir immer noch nicht, was diese Person mit dem Fall zu tun hat. Der Zettel ist doch noch kein Beweis dafür, dass die Person die Geige kaputt gemacht oder das Geld gestohlen hat."

„Und was sollen wir dann tun?", fragt Max. Pepe lacht. „Ganz einfach", sagt er. „Wir werden um drei am Schrottplatz sein. Max, wir müssen uns jetzt beeilen. Vor dem Ende der Pause muss der Zettel wieder im Baum stecken. Schließlich soll die Person, die wir suchen, von dem Treffen erfahren!"

Pepe und Max schlendern unauffällig über den Schulhof Richtung Parkplatz. Hinter dem Schulgarten ist der Zaun nicht besonders hoch. Pepe macht für Max eine Räuberleiter und schon ist Max auf der anderen Seite. Nur kommt Pepe jetzt nicht mehr über den Zaun.

„Ich laufe sowieso schneller als du", sagt Max.

Natürlich ist es strengstens verboten, während
der Schulzeit das Schulgelände zu verlassen.
Aber manchmal müssen sich Detektive eben
über Verbote hinwegsetzen.
„Es hat alles geklappt", sagt Max, als er zurück-
kommt. Kurz vor dem Ende der Pause rennen
die beiden lachend zum Klassenzimmer und
lassen sich auf ihre Plätze fallen.
„Was gibt es denn so zu gackern?", fragt Juri.
„Keine Ahnung!" Max klimpert unschuldig mit
den Wimpern. „Kannst du es uns verraten?"

Auf dem Schrottplatz

Um halb drei kommen Pepe und Max auf dem
Schrottplatz an. Ihre Fahrräder verstecken sie
im Gebüsch und überprüfen anschließend genau,
ob sie noch zu sehen sind.
Den Schrottplatz hat der alte Besitzer bereits
vor Jahren verkauft und der neue Besitzer hat
sich schon seit Ewigkeiten nicht mehr blicken
lassen. Pepe und Max schlüpfen durch das
kleine Loch im Zaun. Ein bisschen unheimlich
ist ihnen schon zumute.

Sie lassen sich hinter einem alten Transporter nieder, der eigentlich nur noch aus Rost besteht. Hier haben sie einen guten Blick auf den Zaun und das Einstiegsloch. Gleichzeitig steht der Transporter mitten auf dem Schrottplatz, sodass sie das Gelände nach allen Richtungen aus-spähen können. Ganz in der Nähe lagern alte, brüchige Reifen, hinter denen sie im Notfall verschwinden können.

„Hoffentlich warten wir hier nicht umsonst", sagt Max nach einer Weile zu Pepe. „Vielleicht haben sie mittlerweile einen anderen Treffpunkt ausgemacht? Oder es ist gar nicht heute?"

„Ksch!", macht Pepe. „Juri kommt."

Tatsächlich. Juri zwängt sich durch das kleine Loch im Zaun. Er streckt sich und schlendert dann gemächlich zu einer Blechkiste, nicht weit von Pepe und Max entfernt.

„Wir haben den perfekten Platz", flüstert Max, doch Pepe hält ihm einen Finger vor den Mund. Juri klettert auf die Kiste und wartet. Es dauert nicht lange, da schiebt sich eine weitere Person durch das Loch im Zaun.

Hast du eine Vermutung, wer das sein könnte?

███████ flüstert Pepe überrascht. Nun ist es
Max, der Pepe einen Finger vor den Mund hält
und heftig den Kopf schüttelt.

„Warum treffen wir uns hier?", hören Max und
Pepe ███████ fragen.

„Weil wir in Ruhe reden müssen", antwortet Juri.
„Und hier ist es ruhig."

Marie blickt sich um. „Worüber willst du mit
mir reden?", will sie wissen.

„Hast du das Geld noch?", fragt Juri.

Pepe und Max sehen sich in ihrem Versteck
mit großen Augen an.

„Ja", sagt Marie. „Ich weiß nicht genau, wie
ich es Jule geben soll. Soll ich einen Brief
dazuschreiben oder so?"

Juri tippt sich an die Stirn. „Bist du verrückt?
Da kann man doch deine Schrift erkennen."

„Stimmt", sagt Marie unglücklich.

„Ich will sowieso, dass du das Geld Frau Poppel
zurückgibst", sagt Juri. „Ich fand es von Anfang
an nicht gut, dass du es geklaut hast."

„Was?", ruft Marie.

„Max und Pepe sind uns auf der Spur. Sie
wissen, dass ich bei dem Instrumentenbauer
war. Glücklicherweise denken sie, ich hätte
die Geige kaputt gemacht. Ich habe einen Plan.
Am besten machen wir es so: Du steckst Frau
Poppel das Geld heimlich in die Tasche. Und
ich sage ihr, dass ich es war, der die Geige
kaputt gemacht hat. Es ist ja immerhin klar,
dass ich das Geld nicht geklaut haben kann.
So kommt niemand darauf, dass du das warst."

„Das würdest du für mich machen?", fragt Marie.

„Jetzt reicht es!", ruft Pepe und springt hinter seinem Versteck hervor. Max folgt ihm.

„Wir haben alles gehört! Marie! Du hast die Geige kaputt gemacht und das Geld von deinem eigenen Vater geklaut."

Juri erstarrt, während Marie erschrocken einen Satz nach hinten macht.

„Stimmt", sagt Marie leise, nachdem sie sich von ihrem Schrecken erholt hat. „Ich habe die Geige aus Versehen zerstört. Ich habe meine Jacke unter dem Kasten hervorgezogen, da ist sie mir heruntergefallen."

„Und warum hast du das nicht deinen Eltern erzählt?", fragt Max.

„Meine Eltern hätten sofort wieder Juri die Schuld gegeben. Das machen sie immer. Sie wollen nämlich nicht, dass ich mit ihm befreundet bin. Sie hätten Frau Poppel bestimmt erzählt, dass Juri das mit der Geige war und ich ihn nur schützen will. Und weil Juri wirklich manchmal großen Quatsch macht, hätte Frau Poppel ihnen bestimmt geglaubt. Und dann hätten meine Eltern einen Grund gehabt, dass ich mich nicht mehr mit Juri treffen darf. Das wollte ich nicht."

Pepe, Max, Juri und Marie schauen sich ratlos an.

„Gut", sagt Pepe schließlich. „Wir gehen gleich morgen gemeinsam zu Frau Poppel und erzählen ihr alles. Frau Poppel hilft dir dann sicher, die Sache mit deinen Eltern zu klären, Marie."

„Meinst du wirklich?", fragt Marie. „Und das gestohlene Geld?" Maries Unterlippe fängt an zu zittern.

„Das war tatsächlich keine gute Idee", sagt Pepe.

„Dabei hast du mich selbst darauf gebracht", ruft Marie. „Du hast gesagt, Jule ist ein Kind in Not. Und als Frau Poppel aus dem Auto gehüpft ist, kam mir dieser Einfall, das Geld zu nehmen."

„Immerhin gibst du es wieder zurück", sagt Max.

Juri greift nach Maries Arm. „Komm, wir gehen zu Frau Poppel."

Marie reibt sich eine Träne aus den Augen, dann nickt sie langsam.

Ein gutes Ende

„Meine Eltern waren vor allem erschrocken, dass ich ihnen nicht vertraut habe", erzählt Marie Pepe und Max einen Tag später, nachdem alles geregelt ist. „Und Frau Poppel war froh, dass das Geld wieder da ist. Wir müssen die nächsten Wochen allerdings jeden Tag die Turnhalle putzen und Hausarrest habe ich auch."

„Jule ist auch noch sauer auf uns. Aber sie war ganz froh, mal ein paar Tage nicht Geige üben zu müssen", erzählt Juri. Er fügt etwas verlegen hinzu: „Ich bin jetzt bei Maries Eltern ein Held, weil ich Marie so geholfen habe. Auf einmal finden sie mich ganz nett."

„Dann hat sich das alles ja irgendwie gelohnt", sagt Max zufrieden.

„Eine Sache ist allerdings wirklich ärgerlich", meint Pepe. Alle schauen ihn an. „Na, so kommen wir schon wieder nicht in die Zeitung."

„Vielleicht beim nächsten Fall", tröstet ihn Max.